Marcy Schaaf

Greek

Τζέιμς

και το

Πετώντας Κουνέλι Κουνέλι

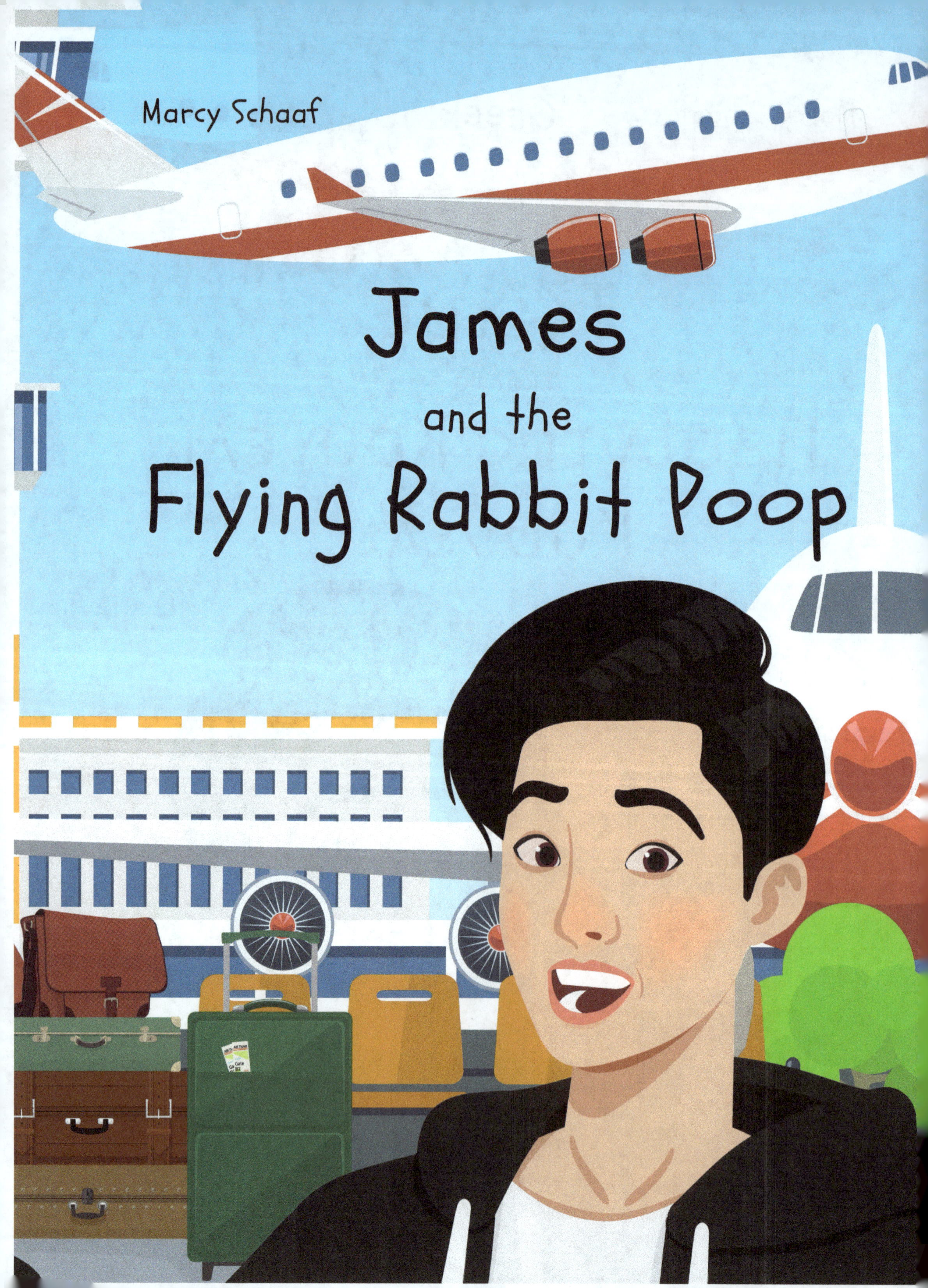

Marcy Schaaf

James
and the
Flying Rabbit Poop

Dedicated to James Le

Here's to the man who turned poop into gold and laughter into fertilizer! To the master of the magical rabbit sanctuary and the ultimate poop-tastic adventurer. May your carrots be crunchy, your rabbits be bouncy, and your flights always poop-filled (in the best way possible)! This book is dedicated to you, James, the unsung hero of the poopocalypse!

With heaps of gratitude and a sprinkle of rabbit magic,

Αφιερωμένο στον James Le

Να ο άνθρωπος που μετέτρεψε τα κακά σε χρυσό και το γέλιο σε λίπασμα! Στον κύριο του μαγικού καταφυγίου κουνελιών και στον απόλυτο λάτρη της περιπέτειας. Είθε τα καρότα σας να είναι τραγανά, τα κουνέλια σας να είναι γεμάτα και οι πτήσεις σας πάντα γεμάτες κακά (με τον καλύτερο δυνατό τρόπο)! Αυτό το βιβλίο είναι αφιερωμένο σε εσένα, Τζέιμς, τον αφανή ήρωα της ποοκάλυψης!

Με σωρούς ευγνωμοσύνης και πασπαλίζοντας μαγεία κουνελιού,

Introduction

Welcome to the whimsical world of James and the Flying Rabbit Poop! Get ready to embark on a journey filled with laughter, friendship, and a whole lot of poop! In this delightful tale, you'll meet James, a kind-hearted man with a passion for animals and a knack for turning poop into magic. Join James as he travels between the islands of Hawaii, spreading joy, nourishing gardens, and feeding hungry rabbits along the way. But beware, this story isn't your average bedtime read – it's packed with personality, charm, and a whole heap of fun! So, grab your imagination and let's dive into the enchanting world of James and his poop-tastic adventure!

Εισαγωγή

Καλώς ήρθατε στον ιδιότροπο κόσμο του James and the Flying Rabbit Poop! Ετοιμαστείτε να ξεκινήσετε ένα ταξίδι γεμάτο γέλιο, φιλία και πολλά κακά! Σε αυτή την απολαυστική ιστορία, θα συναντήσετε τον Τζέιμς, έναν καλόκαρδο άνθρωπο με πάθος για τα ζώα και ταλέντο να μετατρέπει τα κακά σε μαγεία. Ακολουθήστε τον Τζέιμς καθώς ταξιδεύει ανάμεσα στα νησιά της Χαβάης, σκορπίζοντας χαρά, θρέφοντας κήπους και ταΐζοντας πεινασμένα κουνέλια στην πορεία. Αλλά προσέξτε, αυτή η ιστορία δεν είναι η μέση ανάγνωση της ώρας του ύπνου σας – είναι γεμάτη προσωπικότητα, γοητεία και πολλή διασκέδαση! Άρπαξε, λοιπόν, τη φαντασία σου και πάμε να βουτήξουμε στον μαγευτικό κόσμο του Τζέιμς και την ποπ-ταστική περιπέτειά του!

Once upon a time, in the sunny paradise of Oahu, there lived a man named James.

Μια φορά κι έναν καιρό, στον
ηλιόλουστο παράδεισο του Οάχου, ζούσε
ένας άντρας ονόματι Τζέιμς.

James wasn't your ordinary fellow.
Nope, he was a bonafide animal lover
with a heart as big as the ocean.

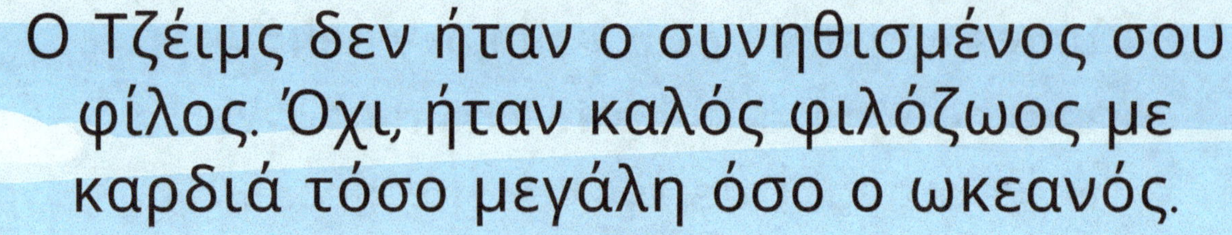

Ο Τζέιμς δεν ήταν ο συνηθισμένος σου φίλος. Όχι, ήταν καλός φιλόζωος με καρδιά τόσο μεγάλη όσο ο ωκεανός.

He ran a place so awesome, even unicorns would be jealous – T & J Guinea Pig and Rabbit Sanctuary!

Έτρεξε ένα μέρος τόσο φοβερό, που
ακόμη και οι μονόκεροι θα ζήλευαν – T & J
Guinea Pig and Rabbit Sanctuary!

Now, hold your horses, kiddos! What in the world is a sanctuary? Well, it's like a deluxe hotel for animals who need a little extra TLC.

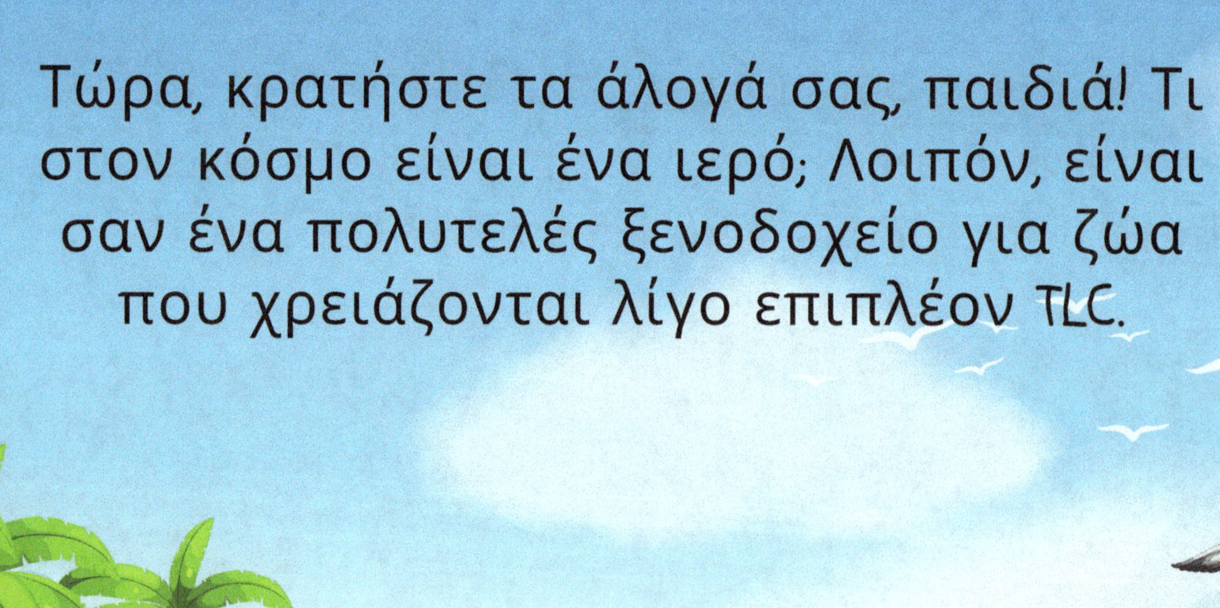

Τώρα, κρατήστε τα άλογά σας, παιδιά! Τι στον κόσμο είναι ένα ιερό; Λοιπόν, είναι σαν ένα πολυτελές ξενοδοχείο για ζώα που χρειάζονται λίγο επιπλέον TLC.

At James's sanctuary, fluffy rabbits roamed free,
doing bunny things like nibbling on carrots.

Στο ιερό του Τζέιμς, χνουδωτά κουνέλια τριγυρνούσαν ελεύθερα, κάνοντας λαγουδάκια, όπως τσιμπήματα καρότων.

HILO, HAWAII
Once a week
James flies to the big island of
Hawaii.

HILO, ΧΑΒΑΗ
Μια φορά την εβδομάδα
ο Τζέιμς πετάει στο
μεγάλο νησί της Χαβάης.

HILO, HAWAII
But wait,
what's in his special delivery?
It's not clothes or toys,
it's... rabbit poop!

HILO, ΧΑΒΑΗ
Αλλά περιμένετε, τι έχει η ειδική παράδοση του;
Δεν είναι ρούχα ή παιχνίδια, είναι... λαγουδάκι!

HILO, HAWAII
Now, don't go wrinkling your nose! This wasn't just any old poop. It was rabbit poop, and it was pure gold for a farmer on the big island!

HILO, ΧΑΒΑΗ
Τώρα, μην ζαρώνεις τη μύτη σου! Αυτό δεν ήταν απλώς ένα παλιό κότσι. Ήταν κουνέλι, και ήταν καθαρό χρυσάφι για έναν αγρότη στο μεγάλο νησί!

This farmer was over the moon for James's poop. He'd sprinkle it on his garden like fairy dust, and bam! His veggies grew bigger than your wildest dreams!

Αυτός ο αγρότης ήταν πάνω από το φεγγάρι για τα κακά του Τζέιμς. Το πασπαλίζει στον κήπο του σαν νεραϊδόσκονη και μπαμ! Τα λαχανικά του έγιναν μεγαλύτερα από τα πιο τρελά σου όνειρα!

Those veggies turned into scrumptious treats
for the whole community.

Folks from all over the place would flock to the
farmer's stand on Pakaka Rd, in Pahoa just to get
a taste of his mouthwatering goodies.

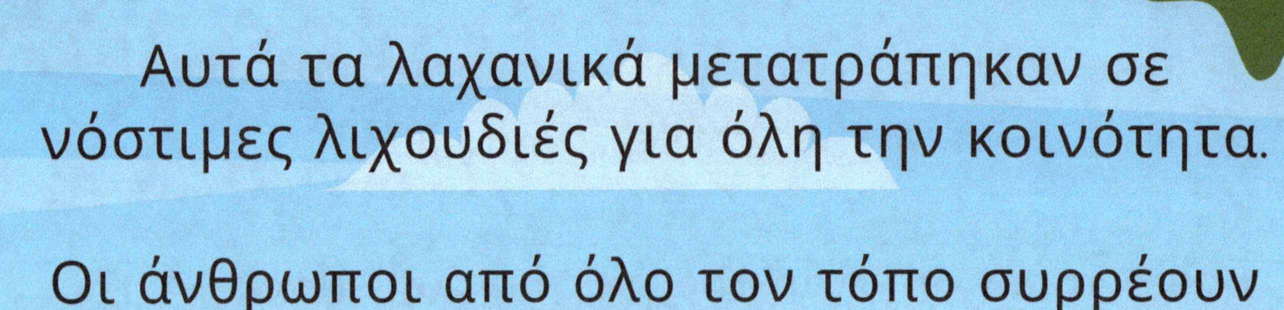

Αυτά τα λαχανικά μετατράπηκαν σε νόστιμες λιχουδιές για όλη την κοινότητα.

Οι άνθρωποι από όλο τον τόπο συρρέουν στο περίπτερο του αγρότη στην Pakaka Rd, στην Pahoa για να πάρουν μια γεύση από τα λαχταριστά καλούδια του.

Meanwhile, James's rabbits were living the high life, munching on carrots as big as your arm!

Εν τω μεταξύ, τα κουνέλια του Τζέιμς
ζούσαν την υψηλή ζωή, τρώγοντας
καρότα τόσο μεγάλα όσο το χέρι σου!

It was like a never-ending circle of awesome!
James brings poop, the farmer grows food, and
the rabbits chow down.

Ήταν σαν ένας ατελείωτος κύκλος φοβερών! Ο Τζέιμς φέρνει κακά, ο αγρότης καλλιεργεί τροφή και τα κουνέλια τρώγονται.

And you know what they call this magical exchange? A barter system! It's like trading snacks with your pals – everybody wins!

Και ξέρετε πώς λένε αυτή τη μαγική ανταλλαγή; Σύστημα ανταλλαγής! Είναι σαν να ανταλλάσσετε σνακ με τους φίλους σας – όλοι κερδίζουν!

But here's the real magic of it all – when we all chip in a little, we can make big things happen!

Αλλά εδώ είναι η πραγματική μαγεία όλων
– όταν όλοι κάνουμε τσιπ σε λίγο,
μπορούμε να κάνουμε μεγάλα πράγματα
να συμβούν!

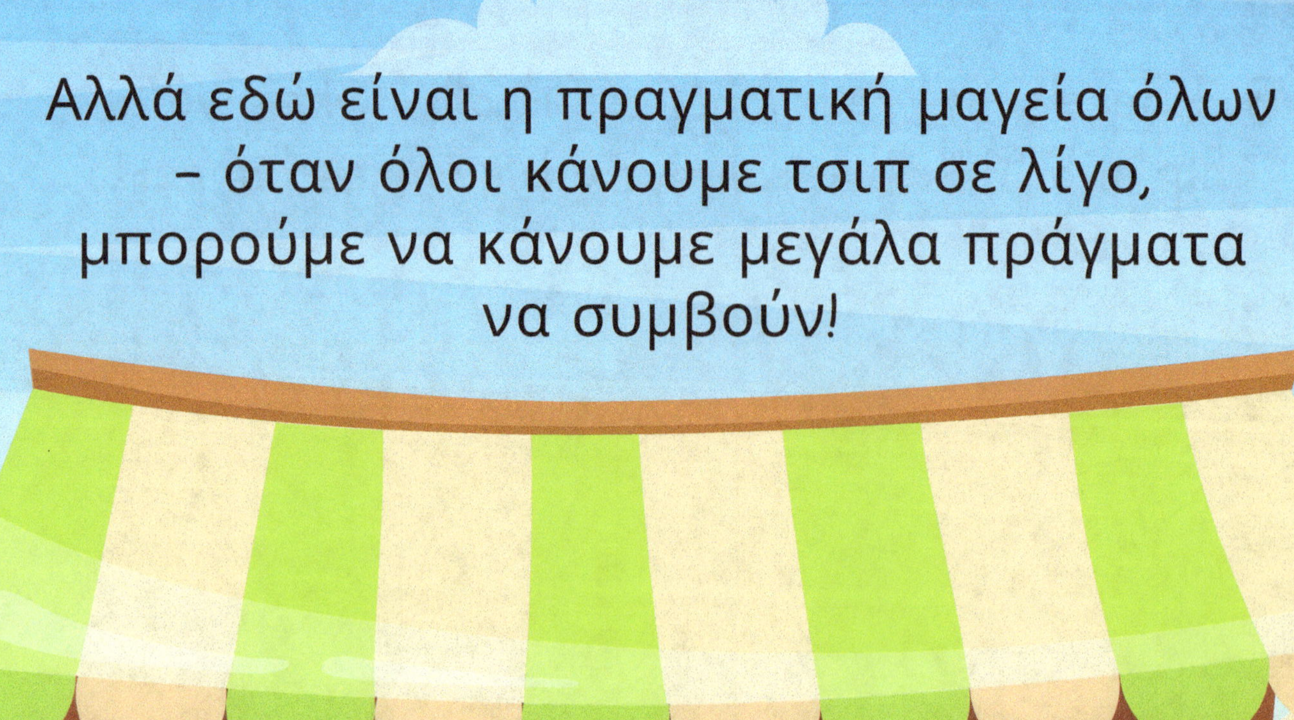

Now, let's put our thinking caps on. What do you reckon we should plant in the garden next time? Giant pumpkins? Rainbow-colored corn? The sky's the limit!

Τώρα, ας βάλουμε τα ανώτατα όρια σκέψης μας. Τι πιστεύετε ότι θα πρέπει να φυτέψουμε στον κήπο την επόμενη φορά; Γιγαντιαίες κολοκύθες; Καλαμπόκι στο χρώμα του ουράνιου τόξου; Ο ουρανός είναι το όριο!

And what about the rabbits? What's their favorite munchie? Carrots? Lettuce? Maybe even a cheeky nibble on a strawberry?

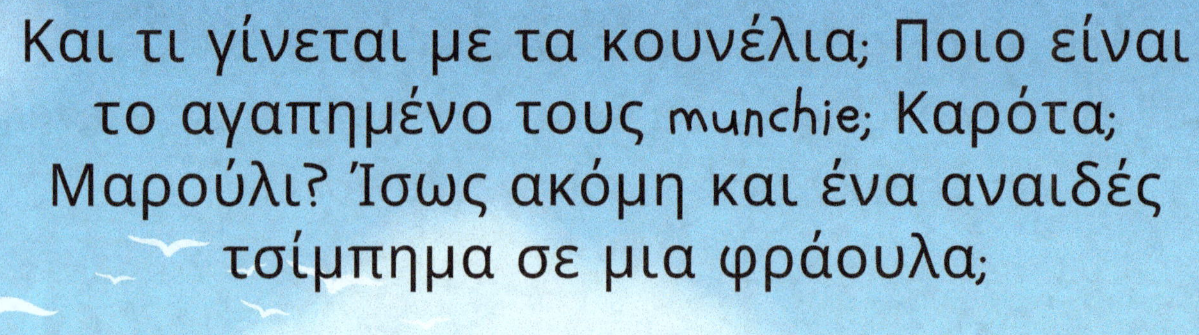

Και τι γίνεται με τα κουνέλια; Ποιο είναι το αγαπημένο τους munchie; Καρότα; Μαρούλι? Ίσως ακόμη και ένα αναιδές τσίμπημα σε μια φράουλα;

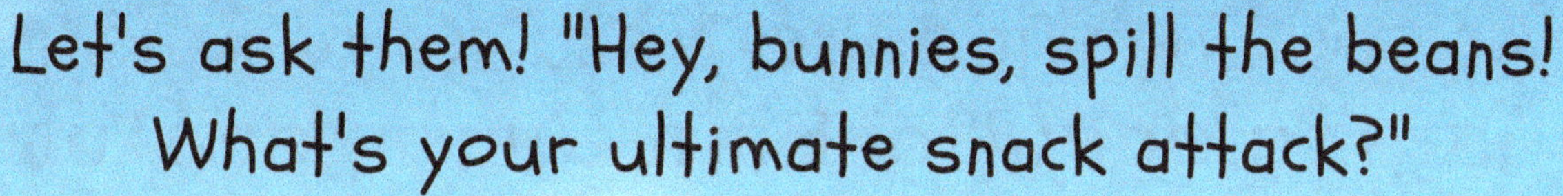

Let's ask them! "Hey, bunnies, spill the beans!
What's your ultimate snack attack?"

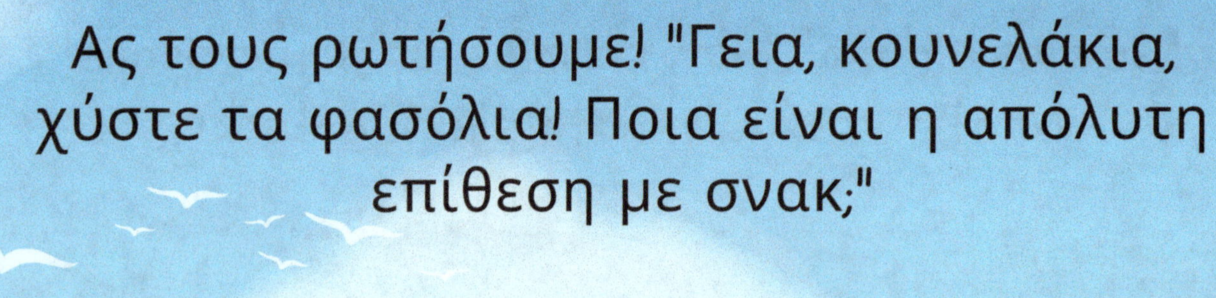

Ας τους ρωτήσουμε! "Γεια, κουνελάκια, χύστε τα φασόλια! Ποια είναι η απόλυτη επίθεση με σνακ;"

They twitch their whiskers and wiggle their tails
– it seems they're fans of everything green and
crunchy!

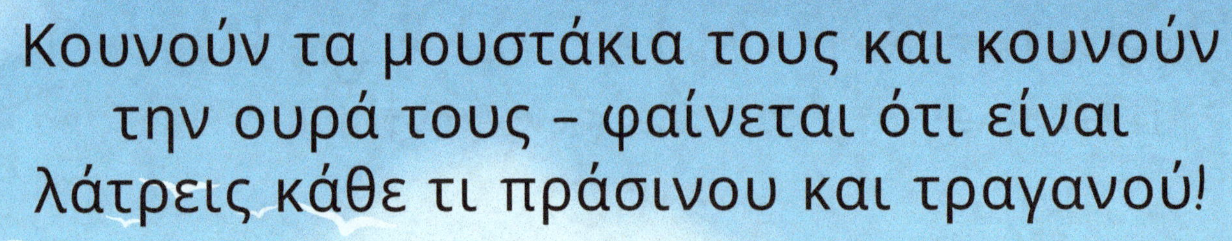

Κουνούν τα μουστάκια τους και κουνούν
την ουρά τους – φαίνεται ότι είναι
λάτρεις κάθε τι πράσινου και τραγανού!

So, with James's rabbit poop, the farmer's garden, and the rabbits' insatiable appetites, the adventure rolls on!

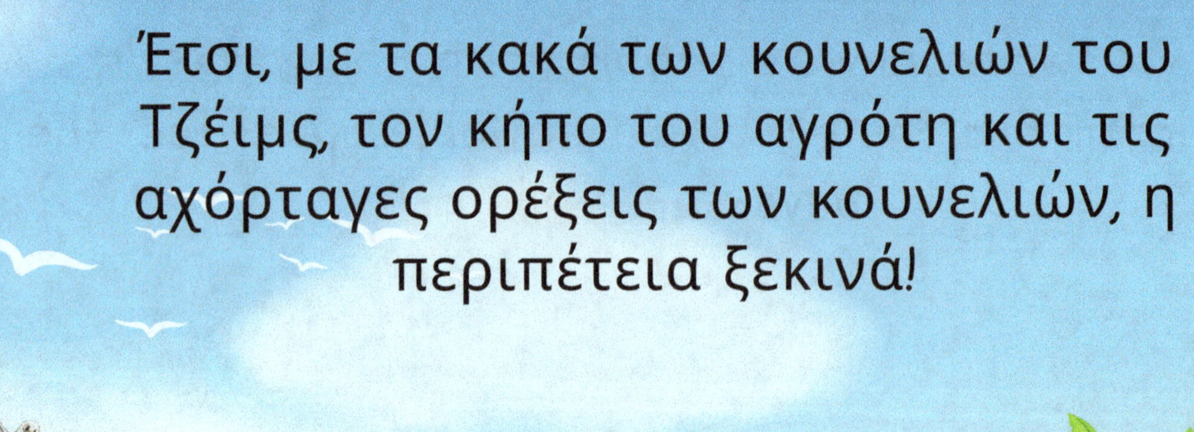

Έτσι, με τα κακά των κουνελιών του Τζέιμς, τον κήπο του αγρότη και τις αχόρταγες ορέξεις των κουνελιών, η περιπέτεια ξεκινά!

But remember, it's not just about poop and food. It's about teamwork and spreading joy wherever you go!

Αλλά θυμηθείτε, δεν πρόκειται μόνο για κακά και φαγητό. Έχει να κάνει με την ομαδική εργασία και τη διάδοση της χαράς όπου κι αν πάτε!

When we all lend a hand, we can make the world
a brighter, happier place for everyone!

Όταν όλοι δίνουμε ένα χέρι, μπορούμε να κάνουμε τον κόσμο ένα πιο φωτεινό, πιο χαρούμενο μέρος για όλους!

So, the next time you see a garden bursting with
life or a rabbit hopping with glee,

Έτσι, την επόμενη φορά που θα δείτε έναν κήπο να σφύζει από ζωή ή ένα κουνέλι να χοροπηδάει από χαρά,

HILO, HAWAII
Think of James flying with poop and remember magic blooms from the most unexpected places.

HILO, ΧΑΒΑΗ
Σκεφτείτε τον Τζέιμς να πετάει με κακά και θυμηθείτε μαγικές ανθίσεις από τα πιο απροσδόκητα μέρη.

whether you're a rabbit, a farmer, or a poop-carrying superhero like James, there's always something you can do to make the world a better place!

είτε είσαι κουνέλι, είτε αγρότης είτε ένας υπερήρωας που κουβαλάει κακά όπως ο Τζέιμς, υπάρχει πάντα κάτι που μπορείς να κάνεις για να κάνεις τον κόσμο καλύτερο!

And when we join forces and work together,
there's no limit to the wonders we can achieve!

Και όταν ενώνουμε τις δυνάμεις μας και δουλεύουμε μαζί, δεν υπάρχει όριο στα θαύματα που μπορούμε να επιτύχουμε!

Now, let's buckle up and soar through the skies with James on one of his epic poop delivery missions!

Τώρα, ας κουμπωθούμε και ας πετάξουμε
στους ουρανούς με τον James σε μια από
τις επικές αποστολές παράδοσης κακών
του!

Zoom! We're off, flying high above the clouds, headed straight for the big island of Hawaii!

Ανίπταμαι διαγωνίως! Φεύγουμε, πετάμε ψηλά πάνω από τα σύννεφα, κατευθυνόμαστε κατευθείαν για το μεγάλο νησί της Χαβάης!

Touchdown! We land at the Hilo airport, where the farmer eagerly awaits his special delivery.

Touchdown! Προσγειωνόμαστε στο αεροδρόμιο Hilo, όπου ο αγρότης περιμένει με ανυπομονησία την ειδική παράδοση του.

James pops open his luggage, filled to the brim with bags of poop. The farmer's eyes light up like fireworks on the Fourth of July!

Ο Τζέιμς ανοίγει τις αποσκευές του, γεμάτες μέχρι το χείλος με σακούλες με κακάο. Τα μάτια του αγρότη φωτίζονται σαν πυροτεχνήματα την τέταρτη Ιουλίου!

"Thanks a million, James!" he exclaims, "This poop
is gonna work miracles in my garden!"

"Ευχαριστώ ένα εκατομμύριο, Τζέιμς!" αναφωνεί: "Αυτό το κακάο θα κάνει θαύματα στον κήπο μου!"

Oahu, HAWAII
And off they go, James back to Oahu and the farmer to his farm, ready to make magic happen all over again!

Oahu, ΧΑΒΑΗ
Και φεύγουν, ο Τζέιμς επέστρεψε στο Οάχου και ο αγρότης στη φάρμα του, έτοιμος να κάνει τη μαγεία να συμβεί ξανά!

Oahu, HAWAII
So, let's spread kindness like confetti and make the world a better place, one poop-filled adventure at a time!

Oahu, ΧΑΒΑΗ
Λοιπόν, ας σκορπίσουμε την καλοσύνη σαν κομφετί και ας κάνουμε τον κόσμο ένα καλύτερο μέρος, μια περιπέτεια γεμάτη κακά τη φορά!

The end...

Το τέλος...

T&J Guinea Pig and Rabbit Sanctuary Kapolei, Oahu in the Hawaiian Islands

The real James Le with Author Marcy Schaaf

Pakaka Rd
Farm Stand
located in Pahoa,
Hawaii

Books By Schaaf

www.BookBySchaaf.com

Find us at:

www.ingramcontent.com/pod-product-compliance
Lightning Source LLC
Chambersburg PA
CBHW080532180726
48002CB00023B/2921